W0199814

ERWIN?
JA?

Uli Stein

Heimwerken

Für:

VIEL SPASS!

Das sollte in keinem Werkzeugkasten fehlen ...

Der Rundzollstock

zum Abmessen von Kreisen.

Die Scherensäge

Das universelle Werkzeug für jedes Material.

ES IST EIN BRETTVORLEGER!

KANNST DU DEIN FAHRRAD NICHT NACH DEM ESSEN REPARIEREN?

Die Kosten für das ...

... neue Werkzeug hat der smarte Handwerker schnell wieder an anderer Stelle eingespart.

Hier eins der vielen Beispiele:

Der IKEA-Küchenstuhl „Sötehard" zum Selbermachen, Heimwerker-Mitnahmepreis

7,50 €

Der IKEA-Küchenstuhl „Sötehard", gebrauchsfertig ab Lager:

45,- €

Eine Katzenklappe ...

... einzubauen gehört zum Standardrepertoire des gewieften Heimwerkers. Ist sie aber erst mal in Betrieb, stellt man rasch fest, wie viel Dreck das Tier Morgen für Morgen mit ins Haus schleppt.

Die ideale Lösung:

Rotierende Borsten an allen Seiten sorgen für gepflegten sauberen Fußboden.

Ein Fliesenleger, der während seiner Arbeit Brocken Englisch murmelt, darf auch in seiner Bewerbung behaupten, er spreche fliesend Englisch.

Aus unserer Reihe:

Heimwerkerdramen

Folge 236 :

Nunuk Imok probiert zum ersten Mal seine selbst gebaute Fußbodenheizung aus.

Für Anfänger

Daumenfreundlicher Schaumstoffhammer

In Goethes Studierzimmer
soll es ganz schön gezogen haben.
War doch nicht so
weit her mit seiner Dichtkunst.

Fragen Sie unseren Experten

Ilse T. aus G.:
„Ich bin begeisterte Hobbymalerin und würde zu gerne wissen: Wie macht Uli Stein seine Zeichnungen? Womit ist zum Beispiel der nebenstehende Ausschnitt entstanden?"

„Wir haben uns für Sie erkundigt. Mit einem Filzstift und diesen drei Tuben:"

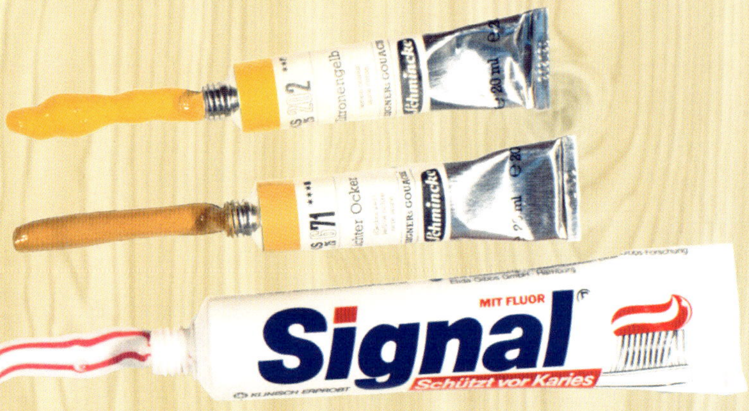

ICH FÜTTERE IHN MIT VIERFACHEN PORTIONEN NUR SO LANGE, BIS ERWIN DAS LOCH IM ZAUN REPARIERT HAT...

ICH HABE IMMER GEDACHT, INS BILLY GINGE MEHR REIN...
IKEA

Immer irgendwie ein trauriger Anblick, wenn man ältere Menschen in ihren Schaukelstühlen vor der Glotze hocken und missmutig nach vorn und hinten schaukeln sieht, während im Fernsehen auf ARD und ZDF nach Herzenslust geschunkelt wird.

Die gute Idee für alle Heimwerker:

Ein Schaukelstuhl, mit dem unsere Senioren mitschunkeln können.

Aus unserer Reihe:

Nachgedacht – selbst gemacht!

Folge 321: *Wir basteln uns einen Scheibenenteiser.*

DAS IST DOCH KEIN FLIEGENGITTER?
EIGENTLICH NICHT ...

BOING!

...ABER ES FUNKTIONIERT!

„Na, dir werd ich Beine machen!“

(Heimwerker Kurt S. zu einer frisch erworbenen Tischplatte)

Du weißt ja, wie Männer sind, wenn sie ein neues Spielzeug haben …

Das wäre doch mal eine praktische Erfindung:

Handys für Maler

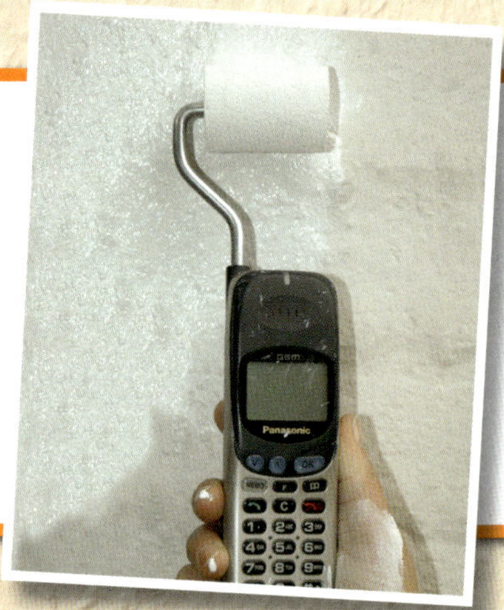

Der Papst segnet die Heimwerker

UNSER NACHBAR HAT EIN BILD AUFGEHÄNGT...

PRAKTISCH:

Ostereier ...

... lassen sich zeitsparend verzieren, wenn man sie durch eine Scheibe Schweizer Käse ansprüht.

Zollstock für Abergläubische

ERWIN HAT AM WOCHENENDE UNSEREN NEUEN TEPPICHBODEN VERLEGT ...
JA, DAS KENN ICH ...
MEINER FINDET AUCH NIE WAS WIEDER!

... wenn wird
umgestellt auf
Sommerzeit,
bleibt länger hell
für Schwarzarbeit!

PRAKTISCH!

Wenn's abends schon mal kühler wird, man seine Winterpantoffeln aber noch nicht hervorholen will, kann man sich ganz wunderbar behelfen, wenn man ein paar mit Bubble-Folie gepolsterte Umschläge zur Hand hat.

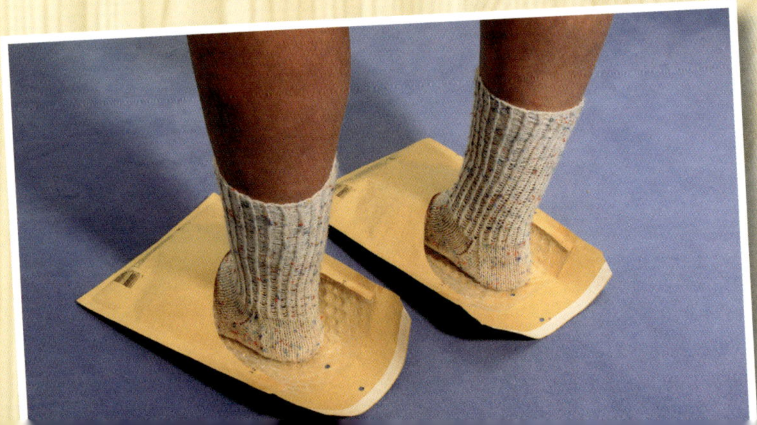

DIE SÄGE TAUGT NICHTS!
DU HÄLTST SIE VERKEHRT HERUM ...
TATSÄCHLICH?
DIE SÄGE TAUGT NICHTS!

Eine festgerostete Glühbirne ist auch nicht so schnell aus der Fassung zu bringen!

(Heimwerkererfahrung)

Sieht man jetzt
auch immer öfter:
Weinflaschen mit
Schraubverschluss!

Der perfekte Platz ...

... für einen griffbereiten Stift ist immer noch hinterm Ohr! Problematisch wirds für Brillenträger: Wo das Schreibzeug hinsoll, stecken schon die Brillenbügel!

Die Lösung: Eine Arbeitsbrille mit Bleistiftbügeln.

DER FLECK WOLLTE NICHT RAUSGEHEN, DA HABE ICH IHN EINFACH RAUSGESÄGT...

DU MOCHTEST DAS BILD DOCH EH NICHT LEIDEN, ALSO HAB ICH ES GLEICH ÜBER-TAPEZIERT!

Dachdecken ...

... selbst für gestandene Heimwerker meist ein Buch mit 7 Ziegeln!

Neulich bei IKEA an der Kasse ...

Ideal, wenn man mal im Halbdunkel zu arbeiten hat: ein Lampenhammer!

Vor zwei Wochen hat Ihnen der Glaser neue Scheiben eingesetzt und gestern sind sie wieder rausgefallen? Typischer Fall von Kittnepping!!

HEY – DEIN TISCH WACKELT JA NICHT MEHR!
GELBE SEITEN!

ZEITUNGEN
VIERZEHN QUADRATMETER, BITTE! UND NICHT SO WAS TEURES...

Alles zu Hammerpreisen!

... habe ich gerade eben in der Anzeige eines hiesigen Baumarktes gelesen, gleich angerufen und mich informiert: 3,95 EURO kostet da ein Hammer. Das wäre schon ein echt fairer Preis für eine elektrische Stichsäge oder einen neuen Akkuschrauber. Sollte man mal vorbeifahren, ehe die Aktion wieder vorbei ist!

Wenn Heimwerker Termin-kalender führen:

9.MAI

Muttertag

ICH HAB JETZT EINE GANZ SICHERE METHODE, MIR NIE MEHR AUF DEN DAUMEN ZU HAUEN...
UND DIE WÄRE?
ICH LASSE ...
... ERWIN DEN NAGEL HALTEN!

So ungefähr 30–40 Minuten dauert es, bis eine handgemachte Krippenfigur fertig ist. Aber das ist natürlich nur ein Durchschnitzwert…

FESTGESTELLT

*Ein Nagel
ist eine Schraube
ohne Gewinde!*

Ideal für Hobby und Haushalt:

*Die Doppelschere
für jede Aufgabe!*

EIN KLEINES FLURFENSTER WÄRE VIELLEICHT AUCH NICHT SCHLECHT...

Habe Lust bekommen, mal etwas mit Acrylfarben zu malen, mir letzte Woche eine Staffelei, Farben und das ganze Zubehör gekauft und weiss jetzt auch endlich, warum dieses komische Loch in der Palette ist:

Da steckt man seinen Rotwein durch, damit man beim Malen nicht ständig die Flasche umstösst.

„RICHTE DICH DOCH NACH DEM AUFHÄNGER..." –
WENN EINER DRAN WÄRE, WÜSSTE ICH SELBER
WIE HERUM ICH'S AUFHÄNGEN MUSS...

Beliebter Glücksbringer
des Tischlerhandwerks:

Das vierbrettrige Kleeblatt

Der Blick ins Wörterbuch

Ikea|ba|na, das;-[s]:
kunstvolles Zusammenstecken von Möbelteilen

DAS BILD HÄNGT SCHIEF...
PISA

Zum Nachdenken

Was passierte Heimwerker Jürgen S., als ihm zum ersten Mal Fräulein M. über den Weg lief?

Er verliebte sich Holz über Kopf.

„STREICHEN TU ICH SCHON – IHR BRAUCHT MIR NUR EIN WENIG ZU ASSISTIEREN" – DAS WAREN SEINE WORTE, ODER?

DENKSPOTT

Aufgabe:
Womit beauftragt Heimwerker Erwin P. seinen Sohn? Bilden Sie einen Satz mit

„HAMMER“,
„HOLZ“ *und*
„LEISTEN“*!*

Lösung: ***HAMMER*** *noch Schmirgelpapier? Wenn ja,* ***HOLZ*** *her – wenn nicht,* ***LEISTEN*** *Stück beim Nachbarn!*

Wäre ein ganz schöner Erfolg, wenn die deutsche Mannschaft bei den internationalen Heimwerkermeisterschaften in Bad Streichenhall bis ins Spachtelfinale käme!

WAS KÖNNT ICH DENN MAL REPARIEREN?
WEISS ICH DOCH NICHT! DU WOLLTEST DOCH EINEN WERKZEUGKASTEN ZUM GEBURTSTAG...

Die Zimmerecken …

… sehen immer so kahl aus.

Eck-Bilderrahmen könnten da helfen.

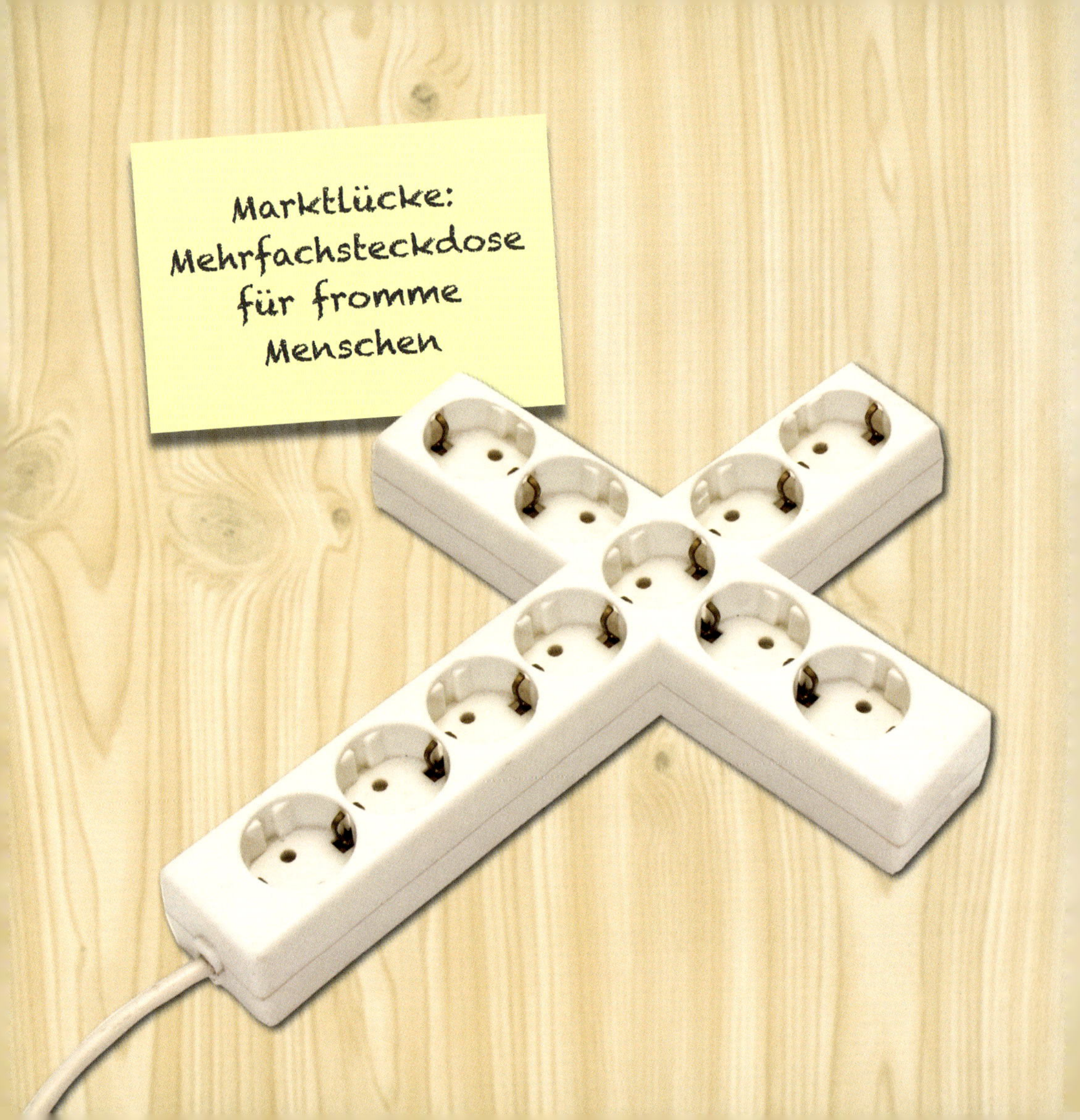
Marktlücke:
Mehrfachsteckdose
für fromme
Menschen

HABEN WIR NICHT IRGENDWAS, DAS WIR REINSTELLEN KÖNNEN, BIS WIR MAL EIN ZWEITES BUCH HABEN?

ICH MÖCHTE DAS BUCH „TÖPFERN LEICHT GEMACHT" UND EIN KILO RAUEN UMGANGSTON ...
Alles fürs Hobby!

Heute eine neue Erfindung zusammengebaut:

das Bumerangthermometer

Will man wissen, wie warm es draussen ist, braucht man das Bumerangthermometer nur aus dem Fenster zu werfen, und wenn's dann zurückkommt, kann man die Aussentemperatur mühelos ablesen. Hat aber nicht funktioniert, weil es nicht zurückkam, sondern mit ziemlichem Scheppern beim Nachbarn auf dem Dach gelandet ist.

EINFACHES
JÄGERGRÜN HÄTTE WOHL
AUCH GEREICHT ...

Wusssten Sie schon ...

... dass die Anschaffung eines Qualitätshammers vor allem eine Frage des guten Stiels ist?

... dass einem beim Reparieren von Elektrogeräten schlagartig klar wird, wo der Fehler steckt?

... dass vier Malergesellen noch lange kein Streichquartett sind?

Uli Stein, 1946 geboren, ist der erfolgreichste und bekannteste Cartoonist Deutschlands. Nach dem Abi studierte er Pädagogik, entschied sich aber kurz vor dem Staatsexamen gegen eine Beamtenlaufbahn und begann zu fotografieren und zu schreiben.
Seine Nonsens- und Satirentexte bescherten ihm eine eigene Sendung beim Saarländischen Rundfunk, bevor er eher nebenbei entdeckte, dass er die Pointen seiner komischen Einfälle mit dem Zeichenstift schneller auf den Punkt bringen konnte als mit vielen Worten. So entstanden seine ersten Cartoons, deren Figuren im Laufe der Jahre zu den unverwechselbaren Charakteren wurden, die heute Millionen Menschen kennen und lieben. Seine Cartoons erschienen zuerst in Zeitungen und Zeitschriften, danach in Büchern und auf zahlreichen Produkten. Allein im deutschsprachigen Raum sind mehr als elf Millionen Cartoonbücher von Uli Stein verkauft worden. Viele der Bücher, die nicht selten in den Bestsellerlisten zu finden sind, sind in andere Sprachen bis hin nach China und Korea übersetzt worden. Uli Stein lebt und arbeitet in der Nähe von Hannover.

© 2012 Lappan Verlag GmbH · Postfach 3407 · 26024 Oldenburg
Herstellung und Gestaltung: Ulrike Boekhoff
www.lappan.de
Printed in Germany · ISBN 978-3-8303-4270-0

© Uli Stein-Cartoons bei CATPRINT MEDIA GmbH
Postfach 101969 · D-30840 Langenhagen · Fax 05 11 / 7 26 16-47
www.catprint.de

Uli Stein im Internet: **www.ulistein.de**

Der Lappan Verlag GmbH ist ein Unternehmen der Verlagsgruppe Ueberreuter.

Uli Stein bei Lappan

Urlaub

ISBN 978-3-8303-4269-4

Autofahren

ISBN 978-3-8303-4267-0

Feiern

ISBN 978-3-8303-4271-7

Fitness

ISBN 978-3-8303-4272-4

Garten

ISBN 978-3-8303-4260-1

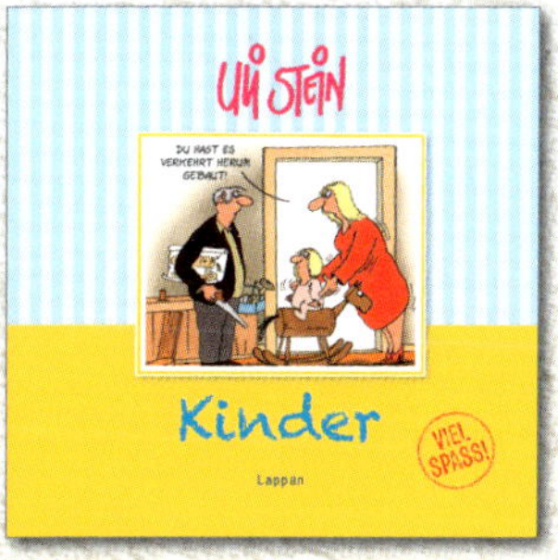

Kinder

ISBN 978-3-8303-4268-7

Kochen

ISBN 978-3-8303-4261-8